Martin Schädler

Erfolgreiche Gestaltung von Werbung im Internet

GRIN - Verlag für akademische Texte

Der GRIN Verlag mit Sitz in München hat sich seit der Gründung im Jahr 1998 auf die Veröffentlichung akademischer Texte spezialisiert.

Die Verlagswebseite www.grin.com ist für Studenten, Hochschullehrer und andere Akademiker die ideale Plattform, ihre Fachtexte, Studienarbeiten, Abschlussarbeiten oder Dissertationen einem breiten Publikum zu präsentieren.

Dokument Nr. V33183 aus dem GRIN Verlagsprogramm

Martin Schädler

Erfolgreiche Gestaltung von Werbung im Internet

GRIN Verlag

Bibliografische Information der Deutschen Nationalbibliothek: Die Deutsche Bibliothek
verzeichnet diese Publikation in der Deutschen Nationalbibliografie; detaillierte bibliografische Daten sind im Internet über http://dnb.d-nb.de/ abrufbar.

1. Auflage 2004
Copyright © 2004 GRIN Verlag
http://www.grin.com/
Druck und Bindung: Books on Demand GmbH, Norderstedt Germany
ISBN 978-3-638-65225-4

Erfolgreiche Gestaltung von Werbung im Internet: Theoretische Erklärungsansätze und empirische Befunde

Hausarbeit im Fach Marketing

TECHNISCHE UNIVERSITÄT DRESDEN

Fakultät Wirtschaftswissenschaften

Lehrstuhl für Betriebswirtschaftslehre, insbesondere

Marketing

gemäß §7 der Prüfungsordnung für den Weiterbildungsstudiengang WINFOLine Master of Science in Information Systems der Georg-August-Universität Göttingen, Wirtschaftswissenschaftliche Fakultät in der Fassung vom 26.09.2002.

Autor: Martin Schaedler

Inhalt

0 Einleitung

"At amusement parks, you are pulled in by the experience and let out the other side through the gift shop. That's what we need to do online."

Tim Smith, Chief Strategy Officer, Red Sky Interactive [Blak2001]

Seit den ersten Schritten im wissenschaftlichen Umfeld Ende der 60er Jahre hat sich das Internet in den letzten 10 Jahren zum universellen Kommunikations-, Informations- und Unterhaltungsmedium im professionellen, privaten und öffentlichen Bereich entwickelt und damit alle zentralen Medienfunktionen übernommen. Noch nie zuvor hat ein Medium so schnell an Massenakzeptanz gewonnen.

Im Zuge dieser Massenadaption gewinnt das Internet auch für die elektronische Anbahnung und Abwicklung von Geschäftsbeziehungen, kurz eCommerce (electronic Commerce), massiv an Bedeutung. Das Internet hat sich mittlerweile seinen Stammplatz im operativen Marketingmix erobert und wird in immer stärker werdendem Umfang zur werblichen Kommunikation und Information genutzt [vgl. KMPG1999, S. 6].

Die Kehrseite dieser Entwicklung bekommt die rasant zunehmende Gemeinde der Internetnutzer tagtäglich zu spüren. Das eMail (electronic Mail) Postfach quillt über vor unerwünschten Werbemails, lästige Pop-up Fenster machen das Surfen im Internet zum Reaktionstest und mit Bannern vollgepackte Webseiten erschweren die Navigation und Informationssuche. Die Akzeptanz der Internet-Werbung ist – so das nüchterne Urteil der Marktforscher von Fittkau und Maaß – mittlerweile auf einem Tiefpunkt angekommen [vgl. FiMa2004].

Das Internet wird somit auf der einen Seite zunehmend für werbliche Aktivitäten genutzt, auf der anderen Seite sinkt die Akzeptanz der Zielgruppe jedoch in den letzten 3 Jahren von vormals 52 Prozent auf nunmehr 41 Prozent rapide ab [vgl. FiMa2004]. Man könnte fast meinen, die Werbetreibenden setzen sich ignorant über diese Entwicklung hinweg, was natürlich nicht der Fall ist.

Die Frage ist nicht mehr, ob Online-Werbung erfolgreich ist, sondern welche Online-Werbung erfolgreich ist, so die Kernaussage einer Studie des Verbandes Deutscher Zeitschriftenverleger [vgl. VDZ2002, S. 21ff].

Die vorliegende Arbeit baut auf dieser Erkenntnis auf und stellt zunächst einmal dar, was sich genau hinter dem Begriff Internet- oder Online-Werbung verbirgt und welche Faktoren ihren Erfolg begründen. Im zweiten Teil der Arbeit wird gezeigt, welche Formen der Internet-Werbung existieren. Nach einer Einführung in den wahrnehmungs- und insbesondere gestaltpsychologischen Ansatz wird im dritten Teil untersucht, wie die Internet-Werbung unter gestaltpsychologischen Aspekten zu bewerten ist und welche praktischen Hinweise sich daraus für die Gestaltung der Online-Werbung ableiten lassen. Der vierte und letzte Teil der Arbeit widmet sich einer Zusammenfassung der Ergebnisse.

1 Internet-Werbung

Um unterschiedliche Werbeformen im Internet verstehen und hinsichtlich ihrer Erfolgsaussichten und Werbewirkung verstehen und beschreiben zu können, ist es zunächst einmal unerlässlich, zu verstehen, was genau sich hinter dem Begriff Internet verbirgt und welche Dienste des Internet für werbliche Aktivitäten genutzt werden können.

1.1 Begriffsabgrenzung

1.1.1 Internet – Historie und Dienste

Die historische Entwicklung des Internets reicht bis in die 60er Jahre auf eine Initiative des US Verteidigungsministeriums zurück. Die damalige Zielsetzung bestand in der Entwicklung einer robusten Kommunikationsinfrastruktur, die auch den Ausfall kompletter Netzknoten, was zum Zeitpunkt des kalten Krieges eine realistische Bedrohung darstellte, verkraften konnte. Mit der Umsetzung des Internetvorläufers ARPANET wurde die Advanced Research Projects Agency (ARPA) beauftragt, die dem entsprechenden Netzwerk ihren Namen gab.

ARPANET wurde ein durchschlagender Erfolg, die Anzahl der angeschlossenen Hosts (Internetrechner) und Nutzer wuchs zwar noch nicht explosionsartig, aber stetig an. 1983, das ARPANET zählte damals ca. 4000 Hosts, spaltete sich der militärische Nutzerkreis ab, das MILNET (Military Network) war geboren und ARPA zog sich aus der Finanzierung des ARPANET zurück. In diese Bresche sprang die National Science Foundation (NSF), sie übernahm die ARPANET Infrastruktur und führte sie als wissenschaftliches Netz NSFNET fort. Etwa zur gleichen Zeit wird der Begriff des International Connected Network (Internet)

geprägt. ARPANET hatte sich als Erfolg versprechendes Modell etabliert und fungierte als Referenz für eine Reihe von weiteren Wissenschafts- und Bildungsnetzten und als Plattform für die ersten Internetaktivitäten von Wirtschaftsunternehmen.

Seinen Durchbruch verdankt das Internet jedoch insbesondere zwei technischen Entwicklungen. Zum einen der Entwicklung und Standardisierung des Internetkommunikationsprotokolls TCP/IP (Transmission Control Protocol / Internet Protocol), das die Konnektierung einzelner, heterogener (Sub-)netze zum heute bekannten Internet ermöglicht. Zum anderen der Entwicklung des World Wide Webs (WWW) durch Tim Berners-Lee Anfang der 90er Jahre, die das Internet durch einfache Bedienbarkeit und einheitliche Benutzeroberfläche auch der breiten Masse zugänglich macht.

Gerade die Diffusion des WWW hat dazu geführt, dass das Internet vielfach mit dem WWW gleichgesetzt wird. Diese Betrachtung greift im Kern eigentlich zu kurz.

Das Internet ist ein weltweites Netzwerk bzw. ein Netzwerkverbund, der verschiedene Dienste auf Basis der TCP / IP Familie (Internet Protocol Suite) unterstützt.

Das WWW ist nur einer von mehreren Mehrwertdiensten, die dieser Definition entsprechen. Daneben existieren eine Reihe von weiteren Diensten wie eMail, FTP (File Transfer Protocol), IRC (Internet Relay Chat), telnet, Usegroups, Archie, etc.

Der meistgenutzte Dienst des Internets ist das WWW. Es ermöglicht die Gestaltung und Veröffentlichung von Informationen über die einfach zu erlernende Seitenbeschreibungssprache HTML (HyperText Markup Language). Über Hyperlinks können weitere Seiten referenziert und verknüpfen werden, an denen der Benutzer entlang navigieren kann. Darüber hinaus ermöglicht der WWW-Dienst die Integration weiterer Dienste und die Bereitstellung von hypermedialen Informationen. Eine besondere Bedeutung kommt aufgrund der riesigen Informationsmenge („Informationsflut") den Suchdiensten des WWW zu. Suchmaschinen wie Google, Webkataloge wie Yahoo! oder themenspezifische Portale erleichtern die strukturierte Suche nach Informationen.

1.1.2 Internet-Werbung

Die Kommunikationspolitik als Bestandteil des operativen Marketingmix subsumiert alle Maßnahmen, die dazu geeignet sind, für ein Produkt oder eine Dienstleistung ein marktadäquates und somit absatzförderndes Profil im Markt zu erzeugen. Das Basisinstrument für diese Profilierung stellt die Werbung dar [vgl. Beck1993, S. 464ff]. Werbung beschränkt sich jedoch nicht auf diese ökonomischen Dimension, sondern betrifft nahezu alle Bereiche des Alltags. Parteien werben für politische Unterstützung, Verbände für ehrenamtliche Engagements oder Religionsgemeinschaften um Mitglieder.

Werbung ist, allgemein ausgedrückt, „ein Instrument, um Menschen zur freiwilligen Vornahme bestimmter Handlungen zu veranlassen" [Wöhe1990, S. 687]. Unter betriebs- bzw. absatzwirtschaftlichen Gesichtspunkten ist die zentrale Handlung sicherlich der Kauf des umworbenen Produktes bzw. der Dienstleistung

Um eine positive Profilierung und letztendlich eine Kaufhandlung zu erreichen, instrumentalisiert die Werbung im Mediamix insbesondere Massenkommunikationsmittel [vgl. Beck1993, S. 469] wie Printmedien, Radio, Fernsehen und seit einigen Jahren auch mit zunehmender Intensität das Internet.

Werbung im Internet beschreibt nach den angeführten Definitionen und im Kontext dieser Arbeit somit Werbemaßnahmen, die sich medial auf Dienste des Internet stützen.

Internet-Werbung instrumentalisiert auf TCP/IP basierende Mehrwertdienste, hauptsächlich das WWW, um eine Zielgruppe zu bestimmten Handlungen zu veranlassen.

Um eine stärkere Fokussierung im weiteren Verlauf der Arbeit insbesondere hinsichtlich gestaltungsbezogener Fragestellungen sicherzustellen, wird die folgende Betrachtung auf den auch in werblicher Hinsicht bedeutendsten Mehrwertdienst des Internets, das WWW, beschränkt.

1.2 Erfolgsfaktoren der Internet-Werbung

Das Geschäft mit der Werbung im Internet hat in den letzten Jahren einen massiven Wachstumsschub erfahren. Lagen die Online-Werbeeinnahmen der Werbebranche in Deutschland 1998 noch bei ca. 26 Mio. €, waren es im Jahr

2000 schon 153 Mio. € und in 2003 schon geschätzte 245 Mio. € [VDZ2002, S.9].

Auch wenn der Anteil der Online-Werbung gemessen an den gesamten Werbeaufwendungen in Deutschland im Jahr 2002 erst bei 1,6% lag, sind dies doch Wachstumsraten, bei denen das konventionelle Print-, Radio- und TV-Werbegeschäfts nicht mithalten kann [Hube2003, S.16].

Spätestens angesichts dieser Zahlen stellt sich die Frage, was das Internet zunehmend attraktiver für Agenturen und Werbetreibende macht. Warum ist Internet-Werbung erfolgreich?

1.2.1 Reichweite

Der Trend zur Online-Werbung ist sicherlich auf die stark ansteigende Zahl der Internetnutzer und die damit verbundene Erreichung einer kritischen Masse zurückzuführen. Schon heute sind mehr als die Hälfte der Deutschen Online, im Jahr 2006 werden bereits 6 von 10 Deutschen das Internet nutzen und somit für Werbemaßnahmen über dieses Medium erreichbar sein.

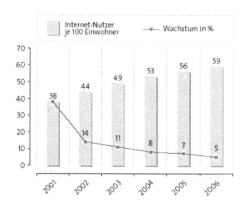

Bild 1: Internetnutzer in Deutschland je 100 Einwohner [BITK2004, S. 14]

Das Internet wird also schlichtweg schon alleine deshalb attraktiver für werbliche Maßnahmen, weil mehr und mehr Menschen über dieses Medium erreicht werden können. Hinzu kommt, dass Internetnutzer insbesondere für die Konsumgüterindustrie eine besonders interessante Zielgruppe darstellen, weil ihr Haushaltsnettoeinkommen im Vergleich zum Bevölkerungsdurchschnitt relativ hoch ist [vgl. VDZ2002, S. 7]

1.2.2 Mediale Eigenschaften

Doch nicht nur die Zielgruppe, auch das Medium selbst machen es zu einem äußerst attraktiven Instrument zur Kommunikation von Werbebotschaften. Hypertextprinzip, Interaktivität und Multimedialität, also die Prinzipien, nach denen das Internet funktioniert, macht sich auch die Online-Werbung zu nutze [vgl. Blie2000, S.264].

Das Hypertextprinzip manifestiert sich im Internet durch Hyperlinks, die den Verweis (Link) von einer Informationsquelle, i.d.R. eine WWW-Seite, auf eine weitere Ressource erlauben. Dieses Elementarprinzip macht sich die Werbung zu nutze, um auf direktem Weg eine Verbindung zwischen dem Werbeträger und dem Angebot des Werbetreibenden herzustellen. Werbe-Banner als populärste Form der Online-Werbung funktionieren nach diesem Prinzip. Klickt ein Internetnutzer auf einen solchen Banner, wird er direkt zum Angebot des Werbotreibenden weitergeleitet. Der hieraus entstehende Mehrwert im Vergleich zur konventionellen Print-, Radio- und TV-Werbung liegt auf der Hand. Ohne Medienbruch und Zeitverzug gelangt der Nutzer direkt dorthin, wo der Werbtreibende ihn haben will – auf seine Homepage.

Das Prinzip der Interaktivität ermöglicht letztendlich diese Weiterleitung und ist damit Voraussetzung für die Funktionsfähigkeit der Online-Werbung. „Der für die Interaktion notwendige Rückkanal ist sozusagen das Markenzeichen des Internets" [Upda2003, S. 72]. Ohne die Möglichkeit zur Interaktivität kann die Online-Werbung diesen medialen Vorteil nicht ausspielen.

Multimedialität als weiteres Prinzip ermöglicht den Werbetreibenden und Kreativabteilungen vollkommen neue Möglichkeiten, die Werbebotschaft zu repräsentieren. Ein gutes Beispiel hierfür sind multimediale Werbeträger wie Flash-Banner, die eine Ansprache der Internetnutzer über animierte und akustisch untermalte Werbeinformationen ermöglichen. Verglichen mit der konventionellen TV-Werbung ist dies zwar kein neues Prinzip. Der Vorteil liegt vielmehr in der Kombination von Hypertextparadigma, Interaktivität und Multimedialität, die bei den konventionellen Medien in dieser Form nicht gegeben ist. Der Online-Werbung haben diese technischen Möglichkeiten vollkommen neue Perspektiven eröffnet hat.

1.2.3 Standardisierung

Mehr als 90 verschiedene Banner-Formate, uneinheitliche Messverfahren und ein kaum zu durchschauendes Pricing machen es den Werbetreibenden nicht einfach, die richtige Plattform zu identifizieren [Freu1997, S. 98]. Mit steigender Bedeutung der Online-Werbung haben sich in den letzten Jahren jedoch erste de-Facto-Standards in diesem Bereich etabliert, was als unabdingbar für die weitere Emanzipation der Online Werbung betrachtet wird [vgl. VDZ2002, S. 13].

Weitgehend standardisiert sind mittlerweile technische Standards zur Repräsentation der Inhalte, was sich an den entsprechenden Datenformaten und Abmessungen z.B. für Werbebanner äußert. Das vom Deutschen Multimedia Verband unterstützte Universal Ad Package (UAP) des Interactive Advertising Bureau definiert bspw. sechs verschiedene Abmessungen für Werbebanner [vgl hierzu IAB2003].

Auch was die Leistungskontrolle von Werbeträgern angeht, hat sich mit dem IVW-Meßverfahren [vgl. IVW2002] in Deutschland ein de-Facto-Standard etabliert, der ein einheitliches Verfahren zur Leistungsmessung garantiert. Anerkannte Kennzahlen hierfür sind Page Impressions und Visits. Das vom IVW proklamierte Verfahren legt z.B. fest, welche Page Impressions (Anzahl der Webseitenabrufe) in die Leistungsmessung einbezogen werden dürfen. Automatisches Nachladen oder Weiterleiten darf in der Leistungskontrolle z.B. nicht erfasst werden. Werbetreibenden steht damit ein Instrument zur Verfügung, mit der die Leistung der einzelnen Online-Werbeträger objektiv bewertet werden kann. Diese Erfolgskontrolle ist hinsichtlich des Return on Media Investement unverzichtbar [Terh2004, S. 53]. Online-Werbeangebote können so hinsichtlich ihrer Form, Leistung und Preise zielgerichtet bewertet werden, was die Transparenz des Marktes nachhaltig erhöht.

1.2.4 Personalisierung

Jeder Benutzer hinterlässt bei der Navigation im WWW seine Datenspuren, die von Werbetreibenden oder Werbeträgern ausgewertet werden können. Hinterlässt ein Nutzer z.B. in einem Forum für Autoliebhaber seine eMail-Adresse kann diese Kontaktinformation mit der Themenpräferenz des Nutzers kombiniert werden. Daraus entsteht ein Nutzerprofil, welches Aufschluss über die Präferenzen des Benutzers gibt. Data Mining, das Auffinden von Zusam-

menhängen zwischen den gesammelten Daten, heißt dieses nicht nur für Werbetreibende vielversprechende Verfahren, mit dem sich eine vormals anonyme Zielgruppe konkretisieren und gezielt mit Werbeinformationen versorgen lässt. Ein Vorteil, der nicht hoch genug eingeschätzt werden kann, denn die aktuelle Angebots- und Nachfragesituation erfordert genau diese individuelle Ansprache [vgl. Hamm2000, S. 65] der Zielgruppe.

Im Rahmen der Datenschutzvorschriften und Telekommunikationsgesetze sind der Sammlung und Weiterverwendung von persönlichen Daten jedoch zumindest in Europa und den USA enge Grenzen gesetzt, die i.d.R. eine Zustimmung des entsprechenden Benutzers zur Speicherung und Verwendung seiner Daten vorsehen [vgl. Heym2002, S. 53ff]. Diese wird er nur dann geben, wenn er sich einen Vorteil daraus verspricht, weshalb häufig Incentives ausgelobt werden, wie z.B. ein Gewinnspiel oder die kostenlose Nutzung eines eMail- oder Informationsdienstes, die alle eine vorherige Registrierung der persönlichen Daten erfordern.

2 Formen der Online-Werbung

Auf dieser Basis haben sich verschiedenste Formen der Online-Werbung entwickelt.

Klassische Medien wie Zeitschriften, Radio und Fernsehen zählen zur Gruppe der Push-Medien, da die Kommunikation unidirektional vom Werbeträger (Sender) hin zur Zielgruppe (Empfänger) verläuft. Das Internet bzw. dessen Dienste lassen sich nicht eindeutig als Push- oder Pull-Formen klassifizieren, die Kommunikation kann grundsätzlich bidirektional verlaufen, sie können sowohl push- wie pull-orientiert eingesetzt werden. Wie weiter unten gezeigt wird, haben die meisten Werbeformen des WWW jedoch Pull-Charakter, d.h. der Benutzer als Empfänger der Werbebotschaft muss aktiv werden und den Kommunikationskanal z.B. durch Anklicken eines Banners eröffnen, um den Sender der Werbebotschaft zu erreichen.

Hinsichtlich der weiteren Unterteilung in Online-Werbeformen sind in der einschlägigen Literatur verschiedene Klassifizierungen zu finden [vgl. Fros2002, S. 52ff; VDZ2002, S. 12ff; Wern2003, S. 40ff], die jedoch zumindest in Teilen unscharf oder unvollständig erscheinen, was angesichts der Vielzahl existierender und ständig neuer Werbeformen und Mischformen auch nicht verwundert.

Die folgende Darstellung von Werbeformen im Internet erhebt deshalb keinen Anspruch auf Absolutheit oder Vollständigkeit, sondern stellt in Anlehnung an die obigen Autoren diejenigen Werbeformen vor, die sich mittlerweile in Praxis und Literatur als eigenständige Werbeformen herausdifferenziert und etabliert haben.

2.1 Banner und Banner ähnliche Werbeformen

2.1.1 Konventionelle Banner

Banner sind virtuelle, grafisch aufbereitete Spruchbänder, die i.d.R. am horizontalen Rand einer WWW-Seite eingebettet werden und einen Hyperlink zu einer weiteren WWW-Seite enthalten. Banner sind sozusagen grafische Hyperlinks.

Werbebanner sind die zugleich älteste und nach wie vor populärste Form der Online Werbung. Der erste Banner wurde bereits am 24. Oktober 1994 vom US-amerikanischen Internet Magazin Hotwired geschaltet.

Bild 2: Klassisches Bannerformat im Seitenkopf

Um ihre Werbewirkung zu entfalten, müssen Banner die Aufmerksamkeit und Interaktion des Benutzers auf sich ziehen, was im WWW nicht ganz einfach ist. Sie müssen also möglichst attraktiv gestaltet und platziert werden, wobei die Definition von attraktiv in der Werbewirkungsforschung kontrovers diskutiert wird.

Maßstab für den Erfolg eines Werbebanners ist die Click-Through-Rate (CTR), die aussagt, wie viele Prozent der Nutzer, die den Banner gesehen haben, ihn auch angeklickt haben.

2.1.2 Neue Bannerwerbeformen

Durch die technologische Entwicklung der letzten Jahre sind mittlerweile eine Reihe von Möglichkeiten der Bannergestaltung gegeben, die den Spielraum für den Werbetreibenden stark erweitern.

Neben statischen Bannern, die keine Animation darstellen, sind mittlerweile auch dynamische bzw. animierte Banner weit verbreitet. Die Animation wird dabei durch die Anzeige von verschiedenen Einzelbildern in schneller Abfolge simuliert, ähnlich dem bekannten Daumenkino. Die Einzelbilder werden in einem speziellen Grafikformat (GIF98a) zu einem multilayer Bild zusammengefasst. Die Ladezeit ist dadurch zwar etwas höher, dafür werden jedoch keine speziellen Erweiterungen (Plug-Ins) benötigt, damit der Banner korrekt angezeigt wird.

HTML-Banner bestehen nicht aus einer Grafik, sondern werden durch in die WWW-Seite eingebette HTML-Befehle erzeugt. Zur Gestaltung des Banners stehen damit die gleichen Möglichkeiten zur Verfügung, wie zur Gestaltung einer WWW-Seite. Es können bspw. verschiedene Hyperlinks in der Bannerfläche erzeugt werden und durch die Einbindung von Skriptsprachen wie JavaScript lassen sich Formulare und Pulldown-Menüs innerhalb des Banners generieren.

DHTML- (Dynamic Hypertext Markup Language) Banner sind eine weitere, technisch fortgeschrittene Bannervariante. Sie nutzt dynamisches HTML, um eine Animation über den eigentlichen Bannerbereich hinaus zu erzeugen. Banner, Formen und Figuren lassen sich so z.B. über eine WWW-Seite hinweg bewegen.

Rich Media Banners, auch Flash- oder Multimedia-Banner genannt, sind schließlich die neueste Entwicklung, die sich aufgrund ihrer hohen gestalteri-schen Potentials zunehmend verbreitet. Diese Bannervariante nutzt verschiede-ne Technologien wie Flash oder Java Applets und Sound- bzw. Video-Streaming, um kompakte, skalierbare und anspruchsvoll animierte multimediale Werbeflächen zu erzeugen und tragen damit dem Trend zu aufwändigen Multimedia-Formaten Rechnung [vgl. Teil 2004, S. 52].

Bild 3: Transparenter Flash-Banner und Skyscrapter (Postbank)

Diese HTML-, DHTML- und Rich-Media-Technologien haben mittlerweile zur Ausdifferenzierung von Werbeformen und -formaten geführt, die sich deutlich von der klassischen Bannerwerbung abheben, aufgrund der vielen Mischformen jedoch nicht eindeutig zuordenbar sind. Die in der einschlägigen Fachliteratur am häufigsten diskutierten Formen sollen hier dargestellt werden.

2.1.2.1 Sticky Ads

Sticky Ads (auch Freeze Screenposition Banner) sind eine bannerähnliche Werbeform, die in der Regel am rechten Rand der WWW Seite, also direkt neben dem Scroll-Balken des Browsers platziert wird. Im Gegensatz zu konventionellen Bannern bleibt diese Werbeform jedoch nicht am angestammten Platz, sondern bewegt sich beim Scrollen der WWW-Seite mit, so dass sie immer am selben Platz im Browserfenster verbleibt und dadurch zwangsweise im Blickwinkel des Internetnutzers, was sie zu einer sehr aufmerksamkeitsstarken Werbeform macht.

Voraussetzung für diese Werbeform ist natürlich eine scrollbare WWW-Seite und entsprechend Platz im Bereich neben dem Scrollbar. WWW-Seiten, die den Inhalt beispielsweise über die gesamte Seite skalieren, können keine Sticky Ads darstellen.

2.1.2.2 Flying Banners

Flying Banners sind klassische Banner oder Formen bzw. Figuren, die sich über der angezeigten WWW-Seite hinweg bewegen und diese teilweise verdecken.

Bild 4: Flying Banner (Activest)

Der Banner fliegt sozusagen über die Seite, und zieht so die Aufmerksamkeit des Benutzers auf sich. Die Realisierung dieses Effekts kann mit DHTML oder Flash erfolgen.

2.1.2.3 Buttons und Skyscrapers

SkyscraperButtons und Skyscrapers sind Sonderformate klassischer Banner. Skyscrapers (auch Wallpapers) können dann genutzt werden, wenn ausreichend Platz am Rand der WWW-Seite vorhanden ist und die Seite nicht über die gesamte Breite skaliert wird. Sie sind im Gegensatz zu klassischen Bannern vertikal am Rand der Seite und nahe dem eigentlichen Inhalt platziert.

Bild 5: Skyscraper (Harvard Business)

Durch die inhaltsnahe, großformatige Platzierung werden mit diesem Format sehr gute Aufmerksamkeitswerte erreicht [vgl. VDZ2002, S. 14, Fros2002, S. 53]. Buttons sind nichts anderes als kurze Banner.

2.1.2.4 Content Ads

Content Ads (auch Product Placements) sind das elektronische Pendant von Inselanzeigen der konventionellen Printwerbung. Diese Sonderform eines

Banners ist in den redaktionellen Teil der WWW-Seite integriert und wird von diesem an mindestens drei Stellen umgeben.

Bild 6: Content Ad (Nivea)

Die Content Ad befindet sich damit im direkten Blickwinkel des Benutzers und wird mit dem als nützlich erachteten Content verbunden und wahrgenommen. Diese Werbeform erreicht damit auch die zunehmende Zahl der Benutzer, die schon eine gewisse Resistenz gegen andere Internetwerbeformen entwickelt haben und z.B. den Seitenkopf, wo klassischerweise Banner platziert werden, nicht mehr beachten. Aus diesem Grund gewinnen Content Ads immer mehr an Bedeutung.

2.1.2.5 Streaming-Video-Ads

Streaming Video Ads sind kleine Filme, die direkt von einem Webserver zur Laufzeit heruntergeladen werden (Streaming) und die Wiedergabe realistischer Videoanimationen ermöglichen. Sie werden in einen HTML-Banner eingebunden und i.d.R. über ein Ad Server System ausgeliefert. Die Funktionalität entspricht der eines klassischen Banners – beim Anklicken wird man über den dahinterliegenden Hyperlink auf die Seite des Werbeträgers geführt.

2.1.2.6 Nanosites

Nanosites sind kleine, in eine WWW Seite integrierte Banner, die ähnliche Funktionen aufweisen, wie eine normale Webseite. Es können beliebige Hyperlinks und Skriptfunktionalitäten wie Eingabefelder, Pull-Down-Menüs etc. eingebunden werden.

Bild 7: Nanosite mit Auswahlbuttons u. Pull-Down-Menü (BIG)

Wird der Benutzer aktiv indem er z.B. eine Frage eingibt, wird die Antwort nicht in einem Pop-up Fenster zurückgegeben, sondern innerhalb der Nanosite. Dadurch wird eine Blockierung durch sog. Pop-up Blocker umgangen.

2.2 Textlinks

Textlinks basieren wie Bannerwerbeformen auf dem Hypertextparadigma. Statt eines grafisch oder multimedial aufbereiteten Banners wird der Werbetext selbst mit einem Hyperlink versehen, der auf die WWW-Seite des Werbetreibenden verlinkt.

Die textuelle Darstellung bietet zwar relativ wenig kreativen Gestaltungsspielraum, dafür können solche Links direkt im redaktionellen Bereich der WWW-Seite platziert werden, was ihnen eine ähnliche Aufmerksamkeit sichert, wie den o.g. Content Ads. Textlinks eignen sich hervorragend für tagesaktuelle Werbung, da der Link ohne nennenswerten Aufwand in einen redaktionellen Text eingebunden werden kann.

Bild 8: Textlinks im redaktionellen Bereich (Sun Microsystems / Cap Gemini)

Dies zeigt sich nicht zuletzt an der Verbreitung dieser Werbeform. Laut einer Studie aus dem Jahr 2003 sind Textlinks nach verschiedenen Bannervarianten die meistgenutzte Werbeform im WWW [vgl. eRes2003].

2.3 Sponsoring

Die Gestaltungsmöglickeiten des Sponsoring im Internet sind mannigfaltig. In vielen Fällen sind die Grenzen zwischen Sponsoring und Bannerwerbung fließend [vgl. Freu1997, S. 39]. Dementsprechend hebt die Definition des Deutschen Multimedia Verband eher auf den qualitativen Aspekt der Sponsoringpartnerschaft ab lässt bezüglich der praktischen Ausgestaltung einen großen Freiraum. Sponsoring ist demnach durch eine längerfristige Partnerschaft von Sponsor und Sponsoringnehmer gekennzeichnet. Der Sponsor erhält für Sach- oder Geldleistungen die Möglichkeit, die Plattform des Sponsoringnehmers durch Bild, Text, Ton oder Bewegtbild kommunikativ zu nutzen [vgl. DMMV2003].

Vorteil des Sponsoring ist der hohe Content-Bezug der Werbebotschaft, der zu einem Spill-Over Effekt führen soll, indem der attraktive Content mit dem Werbetreibenden assoziiert wird.

Visuell äußert sich Sponsoring i.d.R. in Bannerform oder als Textlink. Hierbei wird der Name oder das Logo des Sponsors mit einem entsprechenden Hinweis wie „...sponsored by" oder „...präsentiert durch..." nahe am redaktionellen Teil der WWW-Seite platziert.

2.4 Pop-Ups, Pop-Ins und Pop-Unders

2.4.1 Einfache Pop-ups und Pop-unders

Pop-ups sind kleine Browserfenster, die beim Zugriff auf eine WWW-Seite automatisch öffnen und die eigentlich besuchte Seite überlagern. Damit ziehen Pop-ups zwangsläufig die Aufmerksamkeit des Benutzers auf sich und erreichen diesen weitaus mehr, als ein klassischer, in die WWW-Seite integrierter Banner [vgl. VDZ2002, S. 14]. Eine weniger aggressive Form dieser push-orientierten Werbeform sind so genannte Pop-Under-Fenster, die sich im Hintergrund als inaktives Browserfenster öffnen.

Dass diese Werbeform ziemlich lästig sein kann, weiß nahezu jeder Internetnutzer aus eigener Erfahrung. Nach dem Klick auf einen Hyperlink öffnen sich mit oder sogar statt der angefragten WWW-Seite noch weitere Browserfenster, die

jeweils einzeln wieder geschlossen werden müssen. Aus diesem Grund sind mittlerweile eine Reihe von Softwaretools auf dem Markt, die in den Browser als Plug-In eingebettet werden können und die Ausführung von Pop-ups unterdrücken. Dazu unterdrücken sie zur Öffnung weiterer Seiten notwendige Skriptbefehle, die beim Laden der angefragten Seite abgearbeitet werden. Die Attraktivität dieser Werbeform nimmt durch solche Tools natürlich ab, dennoch sind Pop-Ups nach wie vor eine vielgenutzte Werbeform, die in unterschiedlichen Ausprägungen eingesetzt wird.

2.4.2 Microsites

Eine Microsite ist eine eigenständige kleine Internetpräsenz, die in einem Pop-Up-Fenster geöffnet wird. Microsites beinhalten eine eigene Navigation mit diversen Subsites, die dem Werbekunden eine Reihe von Navigations- und Interaktionsmöglichkeiten eröffnen.

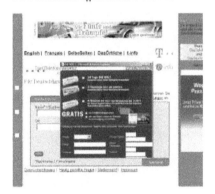

Bild 9: Microsite als Pop-Up-Fenster (Die Welt)

Im Vergleich zur eigentlichen Homepage des Werbetreibenden ist ihr Funktionsumfang meist deutlich geringer und auf die jeweilige Werbemaßnahme zugeschnitten.

2.4.3 Interstitials

Interstitials sind quasi die Internet-Variante der TV-Werbespots, die das reguläre Fernsehprogramm unterbrechen. „Echte" Interstitials sind Pop-Ins, die vor dem Öffnen der angefragten WWW-Seite im Browser erscheinen. Erst nach einer gewissen Zeit, z.B. nach Ablauf einer Flash-Präsentation des Werbetreibenden, wird die eigentlich angeforderte WWW-Seite in den Browser geladen. Interstitials

müssen nicht zwangsläufig als Pop-In erscheinen, häufig werden sie als Pop-Ups realisiert, die nicht statt, sondern vor der angefragten WWW-Seite erscheinen und diese für einen gewissen Zeitraum verdecken, bevor sie sich automatisch schließen.

Bild 10: „Echtes" Streaming Video Interstitial (Alpha Romeo)

Sinn und Zweck von Interstitials ist die Unterbrechung der Benutzernavigation, um die Aufmerksamkeit des Benutzers auf sich zu lenken. Diesbezüglich ist ihre Werbewirkung mit denen klassischer TV-Werbespots vergleichbar [Fros2002, S. 53]. Interstitials werden häufig für multimediale Flash- oder Streming-Media-Präsentationen genutzt. Diese Werbeform ist zwar sehr aufmerksamkeitsstark, aus sicht des Werbeträgers jedoch nachteilig, da die Attraktivität seines WWW-Angebots aus Benutzersicht durch ständige Unterbrechungen deutlich sinken kann.

2.5 Keyword Advertising

Diese Werbeform bietet sich überall dort an, wo Benutzer nach Stichworten suchen können. Der Werbetreibende bucht meist so genannte Packages, eine Anzahl thematisch zusammenhängender, potentieller Suchbegriffe (z.B. Auto, KFZ, PS, Formel 1 etc.). Wird vom Benutzer ein Suchbegriff eingegeben, erhält er zusätzlich zum Sucherergebnis die Banner oder Textlinks der Werbetreibenden zurück.

Bild 11: Keyword Advertising am rechten Rand (Google)

Eine besonders aufmerksamkeitsstarke Form des Keyword Advertisings ist die Platzierung der Anzeige als Textlink in der Ergebnisliste der Suchmaschine, wobei die Werbung häufig nicht einmal als solche gekennzeichnet ist und sich somit nicht vom redaktionellen Content unterscheidet.

Ein ähnlicher, aber noch weitaus aussagekräftiger Werbeeffekt wird mit dem Suchmaschinen-Ranking erzielt. Unverständlicherweise wird dieser speziellen Form des Keyword Advertising in der Literatur kaum Beachtung zuteil. Ziel des Suchmaschinen-Rankings ist eine prominente Positionierung des Werbetreibenden in den Suchergebnissen als neutral eingeschätzter Suchmaschinen wie z.B. www.google.com. Solche Suchmaschinen indexieren mit geheim gehaltenen Algorithmen nahezu alle WWW-Seiten in periodischen Abständen auf ihre Schlüsselwörter. Um eine gezielte Manipulation der Suchergebnisse zu verhindern, werden diese Algorithmen nicht veröffentlicht. Mittlerweile hat sich eine Reihe von IT-Dienstleistern darauf spezialisiert, WWW-Seiten dergestalt zu optimieren, dass sie bei bestimmten Suchbegriffen möglichst prominent, d.h. ganz oben in der Ergebnisliste, platziert werden. Dies geschieht in erster Linie durch die Optimierung des HTML-Quellcodes im Hinblick auf die vermutete Logik des Suchmaschinenalgorithmus.

Der Werbetreibende nutzt in diesem Fall den Werbeträger ohne dessen Einverständnis und Wissen und untergräbt dadurch die Relevanz der zurückgelieferten Suchergebnisse. Dem Benutzer wird eine manipulierte WWW Scitc als scheinbar objektives Suchergebnis zurückgeliefert. Die Aussage, dass Werbung dann besonders effektiv ist, wenn sie nicht als solche erkennbar ist, gewinnt hier eine ganz neue, technische Perspektive.

Die Liste der Werbeformen im Internet ließe sich beliebig weiter ausdifferenzieren. Aus der bisherigen Darstellung ist jedoch deutlich geworden, dass die

Werbung im Internet ein Instrument der Marketingkommunikation darstellt, das bisher nicht gekannte Möglichkeiten der Interaktivität, Personalisierung und Multimedialität bei gleichzeitig zunehmender Reichweite und Standardisierung vereint.

3 Erklärungsansätze zur Werbewirkung

Wie wirkt Internet-Werbung? Um diese Frage beantworten, soll zunächst festgelegt werden, wie der Begriff Werbewirkung zu definieren ist. „Als Werbewirkungen lassen sich zunächst allgemein diejenigen Veränderungen beim Umworbenen bezeichnen, die sich aus der Teilnahme an der werblichen Kommunikation ergeben" [Meye1981, S. 152]. Die Frage nach der Werbewirkung ist deshalb immer eine Frage nach der Kommunikationswirkung. „Welche Botschaft beeinflusst mit welchem Werbeträger wie den Rezipienten?" [Hamm2000, S. 35]. Um überhaupt wirken zu können, muss der Werbeträger, d.h. der Banner, Textlink oder eine andere Form der Internet-Werbung, vom Nutzer wahrgenommen werden. Wahrnehmung ist damit eine notwendige, jedoch keine hinreichende Bedingung für die Wirkung von werblichen Maßnahmen, denn Werbung will nicht nur wahrgenommen werden, sie will letztendlich eine Verhaltensänderung bewirken [vgl. Rose2002, S. 125]. Wahrnehmung als „Prozess der Aufnahme, Selektion, Weiterleitung und Verarbeitung von Reizen aus der Umwelt" [Maye1982, S. 45] ist jedoch die Grundvoraussetzung für die Werbewirkung. Um zu verstehen, wie Internet-Werbung wirkt, muss demnach erklärt werden, wie sie wahrgenommen wird.

Zur Erklärung des Wahrnehmungsprozesses haben sich bereits Anfang des 20. Jahrhunderts in der Psychologie verschiedene Ansätze herausdifferenziert.

3.1 Gestaltpsychologie

Die Assoziation von Elementen als Grundlage der Wahrnehmung steht am Anfang der wissenschaftlichen Psychologie. Das Hauptinteresse der Elementetheorie gilt dem Zusammenhang zwischen physikalischen Reizen und speziellen psychischen Empfindungen [vgl. Maye2000, S. 433]. Die Elementepsychologie geht davon aus, dass die Wahrnehmung ausschließlich von physikalischen Reizen abhängig ist, die durch die einzelnen Elemente einer Botschaft erzeugt werden. Dementsprechend wurden einzelne Teilaspekte des

Werbeträgers, z.B. die Platzierung, die Größe, die Farbgebung usw., daraufhin untersucht, in welchem Maße sie die Aufmerksamkeit und damit die Wahrnehmung des Rezipienten stimulieren. Die Summe der Reize, so die Arbeitshypothese der Elemententheorie, führt zu einer Intensivierung der Wahrnehmung. Heute geht man davon aus, dass dieser Ansatz nur dann eine realistische Einschätzung der Wirksamkeit einzelner Elemente erlaubt, wenn alle Versuchsbedingungen konstant bleiben. Unter realistischen Bedingungen ist dies meist nicht der Fall, „das Wahrnehmungsgeschehen ist von einer Fülle von Merkmalen der Person und von Situationsvariablen abhängig, so dass ein einzeln ausgewähltes Teilelement nicht den in der Elementenpsychologie zugestandenen Stellenwert haben kann" [Maye2000, S. 434]. Diese Erkenntnis ist Ausgangsbasis des gestaltpsychologischen Ansatzes.

Die Gestaltpsychologie geht davon aus, dass die Wirkung des Ganzen sich nicht in den Einzelwirkungen seiner Teile erschöpft, sondern dass das Zusammenwirken der Einzelteile von entscheidender Bedeutung für die Wahrnehmung ist. Das Ganze ist mehr, als die Summe seiner Teile. Die wesentlichen Elemente der Gestaltpsychologie konkretisieren sich in folgenden Leitsätzen [vgl. Jaco1962, S. 63f]:

1. Reiz und Empfindung korrelieren nicht in der Form, wie die Elemententheorie unterstellt. Reize werden nicht gesehen, sondern es wird aufgrund von Reizen gesehen.

2. Wahrnehmungen setzen sich nicht aus einzelnen Empfindungen zusammen, sondern werden ganzheitlich aufgefasst.

3. Das Wahrnehmungsfeld wird auch ohne zugrunde liegende Erfahrungen sinnvoll und geordnet strukturiert, teilweise sogar gegen frühere Erfahrungen.

Der Elementarreiz des Einzelelements wird überlagert durch Organisationsprozesse der Wahrnehmung. Wahrnehmung wird somit nicht von Einzelempfindungen bestimmt, sondern durch die Gestalt des Ganzen, die wiederum abhängig ist vom Kontext, Faktoren der Wahrnehmungsgliederung, sowie Erfahrungen und Einstellungen des Rezipienten [vgl. Maye1982, S. 52].

Elementares Konzept der Gestalttheorie ist die von Edgar Rubin erstmalig formulierte Figur-Grund-Differenzierung. Sie steht für eine allgemeine und

grundlegende Erscheinung bei der optischen Wahrnehmung. Ein Teil des Wahrnehmungsfeldes hebt sich als Figur von seinem Hintergrund ab. Diese Figur-Grund-Differenzierung ist reversibel.

Bild 12: Ein Becher oder zwei Gesichter? (Rubinscher Becher)

Wechselt die Figur-Grund-Wahrnehmung, wie sich am obigen Beispiel des Rubinschen Bechers demonstrieren lässt, entsteht eine optische Täuschung.

Figur und Grund weisen folgende Eigenschaften auf [vgl. Maye2000, S. 435]:

1. Die Figur wird als Gestalt wahrgenommen, der Grund nicht.

2. Der Grund liegt hinter der Figur und reicht unter ihr hindurch.

3. Die Figur besitzt Objektcharakter.

4. Die Farbe der Figur erscheint härter und substantieller, als die Farbe des Grundes.

5. Die Figur wird besser behalten, sie ist dominanter und eindrucksvoller.

6. Die Grenzlinien zwischen Figur und Grund gehören zur Figur.

Die Organisation der Figur-Grund-Verhältnisse erfolgt nach Koffkas Gesetz der guten Gestalt [vgl. Koff1962]. Dieses besagt vereinfacht, dass „eine Tendenz zur besten, einfachsten und stabilsten Organisation" [Maye2000, S. 437] besteht. Elemente die diesem Leitsatz folgen, werden im Wahrnehmungsprozess zu so genannten Gestalten bzw. Figuren organisiert, die sich prägnant vom (Hinter-) Grund abheben und somit dominant wahrgenommen werden. Je stärker die Gestalt erscheint, desto weniger kommen bei der Wahrnehmung individuelle und damit weniger steuerbare Faktoren wie Intentionen, Interessen, Emotionen zum Zuge [vgl. Jaco1962, S. 67].

3.2 Online-Werbewirkung aus Sicht der Gestaltpsychologie

Welche Erklärungsansätze lassen sich nun aus der gestaltpsychologischen Theorie auf die Wirkung von Internet-Werbung transformieren? Allgemeine

Grundsätze für die Gestaltung von Werbemitteln lassen sich aus der Gestalttheorie grundsätzlich nicht ableiten. „Obwohl für die Gestaltung optischer Werbemittel die Gestaltgesetze wichtig sind, haben sich kaum allgemeine gültige Prinzipien des Entwurfs ableiten lassen [Maye1982, S. 54]. Diese Feststellung gilt natürlich auch für die Werbung im Internet.

Dennoch lassen sich einige Erkenntnisse der Gestalttheorie auf die grundsätzliche Wirkung von Formen der Online-Werbung anwenden. Dabei soll im Folgenden nicht auf die Wirkung des Inhalts, d.h. der Werbebotschaft, sondern auf die der Werbeform eingegangen werden, denn „die Form besitzt bei der Wahrnehmung eine gewisse relative Unabhängigkeit vom Inhalt" [Rubi1958, S. 314].

Werbung im Internet zielt häufig darauf ab, die Aufmerksamkeit des Benutzers durch möglichst starke Reize auf sich zu ziehen. Diese Ausrichtung folgt dem einseitigen Schwerpunkt der entsprechenden Werbeliteratur, die, von der Elemententheorie geprägt, davon ausgeht, dass bspw. Reizfaktoren wie Bizarrerie, Bewegung, Intensität und Größe über die Wahrnehmung bestimmen [vgl. Jaco1962, S. 66]. Die praktische Ausprägung ist bekannt, gerade im Internet wird häufig die Werbung mit der Holzhammermethode betrieben, es entsteht ein Wettbewerb der Werbetreibenden, unter Einsatz möglichst starker visueller (und zunehmend multimedialer) Reize die Aufmerksamkeit des Benutzers auf sich zu ziehen.

Diese ist nach den Gesetzen der Gestalttheorie jedoch nicht primär an die Reizstärke gebunden, sondern hängt vielmehr „von dem Grad der Abhebung der fraglichen Teilgebilde von ihrer Umgebung ab" [Metz1954, S. 189]. Die Stärke der entsprechenden Gestalt, die bestimmt wird durch die oben beschriebene Figur-Grund-Differenzierung, ist also maßgeblich für die Wahrnehmung der Werbebotschaft. Diese Erkenntnis ist bezüglich der häufig diagnostizierte Reizüberflutung im Internet und der daraus resultierenden Werbeblindheit von großer Bedeutung. Nicht die Reiz-, sondern die Gestaltstärke dominiert demnach die Wahrnehmung von Werbung - auch im Internet!

Im Hinblick auf die dargestellten Werbeformen im Internet ist den Werbeformen eine hohe Werbewirkung zu unterstellen, die eine ausgeprägte Figur-Grund-Differenzierung herbeiführen und somit einen hohen Gestaltswert beinhalten.

Als Figur wird dabei die Werbeform betrachtet, die sich vom Grund, d.h. von der angefragten bzw. angezeigten WWW-Seite abheben soll.

Besonders hoch ist die Figur-Grund-Differenzierung augenscheinlich bei Internet-Werbeformen ausgeprägt, die den Anschein erwecken, nicht auf der selben visuellen Ebene zu liegen, wie der Grund. Hierzu gehören neben den klassichen Pop-up-Fenstern auch Bannerwerbeformen, wie z.b. DHTML Banner (Flying oder Moving Banners). Diese Werbeformen erscheinen im Vordergrund, verdecken die WWW-Seite dominant und differenzieren sich somit deutlicher vom Seitengrund, als bspw. konventionelle, in die WWW-Seite fest eingebettete Banner.

Eine ähnliche, jedoch weniger starke visuelle Figur-Grund-Differenzierung ergibt sich bei Sticky Ads. Da sie beim Scrollen der Seite an einer bestimmten Stelle im Browserfenster verbleiben, erwecken Sie den Eindruck, die WWW-Seite würde sich unter der Werbeanzeige hinwegbewegen. Die Anzeige wird damit nicht als Teil der Seite wahrgenommen und differenziert sich somit von dieser.

Bei Pop-up-Fenstern wird die Figur-Grund-Differenzierung durch die klare Kontur und Abgrenzung des Fensterrandes weiter verstärkt. Die Gestalt der Werbeanzeige wirkt dadurch fester, der Gestaltwert des Pop-Up-Fenster wird verstärkt.

Die geometrische Form ist ein weiterer Aspekt, der den Wahrnehmungswert eines Werbemittels beeinflusst. D.h. der Werbewert ist auch abhängig von der äußeren Form des Werbemittels [vgl. Jaco1962, S. 93f]. Die Gestaltpsychologie geht davon aus, dass Formen, die ein Höchstmaß an Geschlossenheit aufweisen, so genannte gute Gestalten besitzen. Zu diesen zählen primär Kreis, Dreieck und Quadrat.

Da die Werbeflächen im Internet, wie in konventionellen Printmedien auch, eine rechtwinklige Form besitzen, wird dadurch natürlich die äußere Form der Werbung festgelegt. Unter den rechtwinkligen Formen ist das Quadrat optimal, in einigem Abstand folgt dann das Rechteck [vgl. Jaco1962, S. 94]. So gesehen sind nahezu alle Formen der Internet-Werbung von ihrer äußeren Gestalt her suboptimal, was jedoch keinesfalls heißt, dass Rechteckformate aus gestaltpsychologischer Sicht nicht zu den guten Gestalten zählen. Im Hinblick auf ihre Geschlossenheit wären Kreise, Ellipsen und, gleichseitige Dreiecke und Quadrate sicher geeigneter. Buttons stellen hier eine Ausnahme dar, da bei

ihnen das Seitenverhältnis nicht so stark abweicht, wie bei konventionellen Bannerformaten. Sie erinnern eher an ein Quadrat, als an ein Rechteck.

Empirische Untersuchungen zur Übertragung von gestaltpsychologischen Ansätzen auf Internet-Werbeformen liegen derzeit nicht vor. Auch für konventionelle Werbeformen im Print- oder TV-Bereich liegen keine empirischen Ergebnisse vor, die sich auf Internet-Werbeformen übertragen ließen. Verfügbar sind lediglich Studien, die sich generell mit der Wirkung von einzelnen Internet-Werbeformen beschäftigen, diese jedoch nicht auf gestaltpsychologische Einflüsse hin untersuchten. Dies erstaunt wenig, schließlich wurde weiter oben diagnostiziert, dass sich allgemeine Grundsätze für die Gestaltung von Werbemitteln (bislang) aus der Gestalttheorie nicht ableiten lassen. Die Werbewirkungsforschung beschäftigt sich tendenziell eher mit Fragestellungen, die der Elemententheorie zuzuordnen sind. Welcher Zusammenhang bspw. zwischen der Platzierung oder der Größe von Werbeeinblendungen und ihrer Werbewirkung besteht, ist eine solche Fragestellung, die schon seit Anfang des 20. Jahrhunderts in einer Vielzahl von Experimenten und Beobachtungen erforscht worden ist. Studien dieser Art existieren viele, grundsätzlich sind jedoch durch neuere Forschungsergebnisse die Annahmen der Elementenpsychologie immer weiter geschwächt worden, bis hin zu dem Punkt, dass man annimmt, dass „Faktoren wie Größe, Platzierung und Format auch in den besten Fällen nur minimale bis gar keine Einflüsse haben [Focu2003].

Studien, die sich mit der Werbewirkung von Internet-Werbeformen beschäftigen, können gestaltpsychologische Aspekte nicht direkt stützen, sie widerlegen sie jedoch auch nicht. So kommen Studien zur Werbewirkung zum Ergebnis, dass insbesondere Pop-Up-Fenster und DHTML-Banner, ungeachtet ihrer Ausgestaltung, eine besonders hohe Werbewirkung entfalten.

Eine Studie von Focus Tomorrow Sales, Ad Effects 2002 [vgl. Tom2002] folgert bspw., dass Pop-Ups und DHTML-Banner die effektivste Werbeform überhaupt darstellen und sich insbesondere bei den Direct Response Werten (Anklicken des Banners) deutlich vor den beiden anderen untersuchten Werbeformen, Sticky Ads und Skyscrapers, positionieren. Zu welchem Anteil diese Wirkung auf gestaltpsychologische Merkmale zurückzuführen ist, kann jedoch aus dieser Studie nicht abgeleitet werden. Auch fehlen Vergleiche mit weiteren Werbeformen, aus denen sich zusätzliche Rückschlüsse ziehen lassen würden.

Eine weitere Studie der IPSOS AG im Auftrag von AOL kam ebenso zum Ergebnis, dass das Pop-Up die höchsten Aufmerksamkeitswerte erreicht, „wahrscheinlich, da es durch sein Format eine erhöhte Aufmerksamkeit erzielt" [AOL2002, S. 9]. Auch hier kann nur spekuliert werden, in wie weit diese Aufmerksamkeitsstärke auf gestaltpsychologische Muster zurückgeführt werden kann.

Zum empirischen Nachweis gestaltpsychologischer Einflüsse auf die Wirkungsweise verschiedener Internet-Werbeformen sind diese Ergebnisse sicherlich nicht geeignet. Es bleibt lediglich festzuhalten, dass bislang keine der Gestaltpsychologie widersprechenden Ergebnisse bekannt sind.

3.3 Praxisrelevante Erkenntnisse

Die Ableitung konkreter, praktischer Richtlinien für die Werbemittelgestaltung aus der Gestaltpsychologie ist wie dargestellt wurde, bislang nicht gelungen. Dennoch können aus der bisherigen Darstellung einige grundsätzliche Hinweise in gestaltpsychologischer Hinsicht gezogen werden.

Werbeformen, die einen besonders hohen Gestaltwert aufgrund einer ausgeprägte Figur-Grund-Differenzierung aufweisen, wirken prägnanter und werden eher wahrgenommen. Am ausgesprochensten ist diese Figur-Grund-Differenzierung bei Pop-Ups und DHTML-Bannern, die den visuellen Eindruck erwecken, vor dem Seitenhintergrund platziert zu sein. Die Verwendung dieser Werbeformen bietet sich somit an.

Die Figur-Grund-Differenzierung kann ebenso erreicht, bzw. erhöht werden, wenn sich das Werbemittel aufgrund seiner Farbgebung deutlich vom Hintergrund abhebt. Deshalb sollte darauf geachtet werden, dass die entsprechende Werbeform farblich vom Hintergrund der werbetragenden WWW-Seite abhebt.

Bild 13: Pop-Up-Fenster mit klarer Figur-Grund-Differenzierung (Chip)

Verstärkt werden kann dieser Effekt durch einen Rahmen um den Banner. „Rahmen um das Banner heben es von der eigentlichen Website ab und verdeutlichen ihr interaktives Potential" [Freun1997, S. 121].

Die geometrische Form ist ein weiterer Aspekt, der den Wahrnehmungswert eines Werbemittels beeinflusst. Die Gestaltpsychologie geht davon aus, dass Formen, die ein Höchstmaß an Geschlossenheit aufweisen, so genannte gute Gestalten besitzen. Zu diesen zählen primär Kreise und Ellipsen, Dreiecke und Quadrate. Internet-Werbeformate sind zwar i.d.R. rechteckig, dennoch können innerhalb dieser Formate geometrische Formen realisiert werden, die aus Sicht der Gestaltpsychologie eine sehr hohe Gestaltfestigkeit mit sich bringen, wie z.B. Ellipsen. Die Werbefläche wird zwar nicht vollkommen optimal ausgenutzt, dafür erscheint die Werbung prägnanter, da der Gestaltwert einer ellipsenförmigen Werbefläche wesentlich höher ist, als der eines konventionellen, rechteckigen Banners. Darüber hinaus ist diese Werbeform aus elementenpsychologischer Sicht reizstark, da sie sich deutlich von den üblicherweise rechteckigen Bannern unterscheidet. Von besonders ausgefallenen, sehr unregelmäßigen Formgebungen ist aufgrund ihrer geringen Gestaltfestigkeit jedoch abzuraten.

Des weiteren sind für die inhaltliche Ausgestaltung des Werbemittels gestaltpsychologische Erkenntnisse zu berücksichtigen. Wie oben dargestellt wurde, wird der Wahrnehmungswert des Werbemittels nicht durch ein isoliertes, besonders reizstarkes Element bestimmt. Der Gestaltwert wird somit durch das Werbemittel als Ganzes bestimmt und kann nicht in Form einzelner Elemente hineinkonstruiert werden. Elemente zur visuellen Steuerung sind ebenso nicht notwendig, da sich das Wahrnehmungsfeld nach der Gestaltpsychologie von selbst gliedert. Der Erinnerungswert ist weniger von der Wiederholung bestimmter Elemente

abhängig wie die Elemententheorie annimmt, als vielmehr von der sinnvollen Strukturierung des Werbemittels [vgl. Jaco1962, S. 90].

Darüber hinaus kann es sich auch innerhalb des Werbeformats grundsätzliche Regeln der Figur-Grund-Differenzierung zu berücksichtigen, z.B. dann, wenn eine ausreichend große Werbefläche vorhanden ist, die es erlaubt, ein Gestaltgefüge aus mehreren, figurbildenden Elementen darzustellen. „Die Stücke eines Gestaltgefüges besitzen verschiedene Wertigkeit. Es gibt solche, die für die Erhaltung des Ganzen unentbehrlich sind, und daneben relativ entbehrliche Stücke" [Katz1961, S. 52]. Aus dieser Perspektive kann die Werbewirkung des Inhalts gesteigert werden, wenn die wichtigen Elemente eine Figurstellung einnehmen, und die übrigen Elemente den Grund formieren. Ob eine Figur-Grund-Differenzierung provoziert werden kann, hängt einerseits von der verfügbaren Werbefläche ab, andererseits vom Umfang der Werbebotschaft [vgl. Jaco1962, S. 93].

4 Fazit

Die Frage ist nicht mehr, ob Online-Werbung erfolgreich ist, sondern welche Online-Werbung erfolgreich ist! So lautete die eingangs zitierte Erkenntnis einer Studie des Verbandes Deutscher Zeitschriftenverleger.

Um nun darzustellen, warum Online-Werbung erfolgreich ist, wurden zunächst die für die Betrachtung relevanten Begriffe definiert und der Fokus der Analyse auf Werbeformen des WWW konzentriert. Der eMail-Dienst, neben dem WWW der wichtigste Werbeträger des Internets, wurde bewusst ausgeklammert, da dies den Rahmen der Arbeit gesprengt hätte.

Basierend auf dieser etwas engeren Definition der Online-Werbung wurde dargestellt, warum Internet-Werbung erfolgreich sein kann. Neben der ständig zunehmenden Reichweite sind insbesondere die vielseitigen medialen Eigenschaften des WWW und die Möglichkeiten der personalisierten Werbe-kommunikation entscheidend für den Erfolg dieses Werbemediums. Darüber hinaus ist die mittlerweile erfolgte Standardisierung dieser Werbeform ein wichtiger Faktor für Mediaentscheidungen der Werbetreibenden. Letztendlich erfolgsentscheidend ist aber die Kombination dieser Merkmale.

Im zweiten Teil der Arbeit werden die wichtigsten Formen der Internet-Werbung aufgezeigt. Bannerähnliche Werbeformen und Popups sind nach aktuellen

Studien die wichtigsten Werbeträger im Internet, gefolgt von Textlinks, Sponsoring und Suchmaschineneinträgen. Die eindeutige Abgrenzung der einzelnen Werbeformen ist problematisch, da die Kreativität der Werbedesigner vielfach zu neuen und vermischten Werbeformen führt.

Der dritte Teil widmet sich der Anwendung wahrnehmungs- und insbesondere gestaltpsychologischer Ansätze. Nach einer kurzen Einführung in die Grundlagen der Gestaltpsychologie wird untersucht, wie die Werbewirkung von Online-Werbung im WWW aus Perspektive der Gestaltpsychologie erklärt werden kann. Im Unterschied zur Elemententheorie erklärt eben nicht ausschließlich die Summe der möglichst starken Einzelreize, sondern der Gestaltwert des Werbemittels die Online-Werbewirkung. Maßgeblich für den Gestaltwert ist die Figur-Grund-Differenzierung und die Prägnanz der werblichen Kommunikation. Banner und Pop-Ups sind per se Werbeformen, die eine hohe Figur-Grund-Differenzierung erlauben und somit hohe Prägnanz aufweisen, was wiederum Wahrnehmungsstärke und Werbewirkung bedeutet. Empirisch lässt sich diese These jedoch nicht nachweisen, denn entsprechende Studien zur Relevanz gestaltpsychologischer Aspekte für die Werbewirkung liegen nicht vor. Ein Grund hierfür könnte sicherlich die mangelnde Operationalisierbarkeit der Meßgrößen sein – wie will man den Gestaltwert objektiv messen? Allgemeine Studien zur Wirkung von Online-Werbung kommen jedoch zu Ergebnissen, die gestaltpsychologischen Erklärungsansätzen zumindest nicht widersprechen.

Dementsprechend schwierig ist auch die Ableitung konkreter, allgemein gültiger Handlungsempfehlungen für die Werbegestaltung. Aus den bisherigen Erkenntnissen heraus kann dennoch eine Reihe grundlegender Empfehlungen ausgesprochen werden, die den Gestaltwert der Werbeform stärken können. Im Grunde kommt es hierbei darauf an, die Figur-Grund-Differenzierung zwischen Werbemittel und WWW-Seitengrund möglichst hoch zu gestalten, was bei Pop-Ups und DHTML-Bannern (Flying Banners) durch die besondere visuelle Erscheinungsform dieser Werbemittel einfacher ist, als bei konventionellen Bannern oder Textlinks. Darüber hinaus kann eine Figur-Grund-Differenzierung auch innerhalb der Werbebotschaft provoziert werden. Diese Perspektive ist jedoch kein besonderer Aspekt der Internet-Werbung und wurde deshalb nicht weiter vertieft.

Literatur

[AOL2002]	AOL Deutschland: Online Werbung wirkt. 3 überzeugende Fallbeispiele – durchgeführt von IPSOS. http://www.aol.de/content/Mediaspace_StudienUnterseite/315134_104 3407391711.ppt Abruf am 2004-05-12.
[Beck1993]	Becker, Jochen: Marketing-Konzeptionen. Grundlagen des strategischen Marketing-Managements. Verlag Vahlen, München 1993.
[BITK2004]	Bundesverband Informationswirtschaft, Telekommunikation und neue Medien e.V.: Wege in die Informationsgesellschaft, 2004 Edition. Ohne Verlag, Berlin 2004.
[Blak2001]	Blake, Jane: Online Advertising: It's Just the Beginning. http://www.businessweek.com/technology/content/jul2001/tc20010712 _790.htm Abruf am 2004-05-12.
[Blie2000]	Bliemel Friedhelm; Fassott, Geor; Theobald, Axel: Electronic Commerce. Gabler Verlag, Wiesbaden 2000.
[Diam2001]	Diameter. sf Newsletter, 9 / 2001. Diameter, New York City 2001
[DMMV2003]	Deutscher Multimedia Verband c.V.: Sponsoring im Internet. http://www.dmmv.de/ww/de/7_pub/themen_neu/e_marketing/sponsoring_im_internet.cfm Abruf am 2004-05-12.
[eRes2003]	eResult GmbH: @View2003: Gestaltung von Online-Werbung. Ohne Verlag, Göttingen 2003.
[FiMa2004]	Fittkau und Maaß: 17. Nutzeranalyse W3B. Ohne Verlag, Hamburg 2004.
[Focu2003]	Focus Medialine: Medialexikon – Platzierung. http://medialine.focus.de/PM1D/PM1DB/PM1DBF/pm1dbf.htm?snr=43 51 Abruf am 2004-05-12.
[Freu1997]	Freund, Bärbel: Erfolgreiche Online-Werbung. Krüger Druck und Verlag, Dillingen / Saar 1997.
[Fros2002]	Frosch-Wilke, Dirk; Raith, Christian (Hrsg.): Marketing-Kommunikation im Internet. Vieweg, Braunschweig 2002.
[Hamm2000]	Hamm, Ingo: Internet-Werbung. Schäffer-Poeschel, Stuttgart 2000.
[Heym2002]	Heyms, Sybille; Prieß, Christiane: Werbung online – Eine Betrachtung aus rechtlicher Sicht. Erich Schmidt Verlag, Berlin 2002.
[Hube2003]	Huber, Martin: Stand der Werbewirkungsforschung „Online". BBDO Interone, München 2003.
[IAB2003]	EIAA und IAB stellen gemeinsam erste standardisierte Online-Werbeformate vor. http://www.dmmv.de/shared/data/pdf/eiaa_iab_european_onlinc_ad_st andard_german.pdf Abruf am 2004-05-12.
[IVW2002]	Informationsgemeinschaft zur Feststellung der Verbreitung von Werbeträgern e.V.: Messverfahren. http://www.ivwonline.de/home/start.php Abruf am 2004-05-12.
[Jaco1963]	Jacobi, Helmut: Werbepsychologie. Ganheits- und gestaltpsychologie-

	sche Grundlagen der Werbung. Gabler Verlag, Wiesbaden 1962.
[Katz1961]	Katz, David: Gestaltpsychologie. Schwabe, Stuttgart 1961.
[KMPG1999]	KPMG Consulting GmbH: Electronic Commerce - Status quo und Perspektiven '99. Berlin 1999. http://www.bearingpoint.de/media/library_1999/1999_05_29_e_comme rce_99.pdf Abruf am 2004-05-12.
[Koffka, 1962]	Koffka, Kurt: Principles of Gestalt-Psychology. Routledge & Kegan Paul, London 1962.
[Maye1982]	Mayer, Hans; Däumer, Ute; Rühle, Hermann: Werbepsychologie. C.E. Poeschel Verlag, Stuttgart 1982.
[Metz1954]	Metzger, Wolfgang: Psychologie – Die Entwicklung ihrer Grundan- nahmen seit der Einführung des Experimentes. Steinkopff, Darmstadt 1954.
[Meye1981]	Meyer, Paul W.; Hermanns, Arnold: **Theorie der Wirtschaftswer- bung**. Kohlhammer, Stuttgart 1981.
[Rose2002]	Von Rosentiel, Lutz; Neumann, Peter: Marktpsychologie. Primus Verlag, Darmstadt 2002.
[Rubi1958]	Rubinstein, Sergej L.: Grundlagen der allgemeinen Psychologie. Volk und Wissen, Berlin 1958.
[Terh2004]	Terhörst, Wolfgang. Mohr Mut im Marketing. In: W und V – Werben und Verkaufen, Heft 8, 2004, S. 52 - 53.
[Tom2002]	Tomorrow Focus Sales GmbH: Ad Effects 2002. München, 2002. http://sales.tomorrow- focus.de/upload/admin/sales/studien_downloads/22_1.pdf Abruf am 2004-05-12.
[Upda2003]	Ohne Autor: Update New Media. In: W und V – Werben und Verkaufen, Heft 27, 2003, S. 70 - 76.
[VDZ2002]	Verband Deutscher Zeitschriftenverleger e.V. [Hrsg.]: Online-Werbung – Fakten und Perspektiven. Ohne Verlag, Berlin 2002.
[Wern2003]	Werner, Andreas: Marketing Instrument Internet. Dpunkt Verlag, Heidelberg 2003.
[Wöhe1990]	Wöhe, Günter: Einführung in die Allgemeine Betriebswirtschaftslehre. Verlag Vahlen, München 1990.
Plan2002	Plan.Net media AG; Interactive Advertising Center GmbH (Hrsg.): OnWW – Online Werbewirkungen – Zielgerichtete Bannergestaltung. München 2001. http://sales.tomorrow- focus.de/upload/admin/sales/studien_downloads/36_onww.pdf Abruf am 2004-05-12.

Eidesstattliche Erklärung

Ich versichere, dass ich die vorliegende Hausarbeit selbständig verfasst und keine anderen als die angegebenen Quellen und Hilfsmittel benutzt habe. Alle Stellen, die wörtlich oder sinngemäß aus Veröffentlichungen oder anderen Quellen entnommen sind, sind als solche kenntlich gemacht.

Die Arbeit hat in gleicher oder ähnlicher Form noch keiner Prüfungsbehörde vorgelegen.

München, 12. Mai 2004

Martin Schaedler